AF563045

AVIS AUX GENS D'ORDRE

APRÈS

L'EMPRUNT DE JUIN 1871

PAR

M. ÉDOUARD LAGOUT

ANCIEN ÉLÈVE DE L'ÉCOLE POLYTECHNIQUE
VULGARISATEUR DES CONNAISSANCES UTILES AUX ÉCOLES PRIMAIRES
OFFICIER D'ACADÉMIE

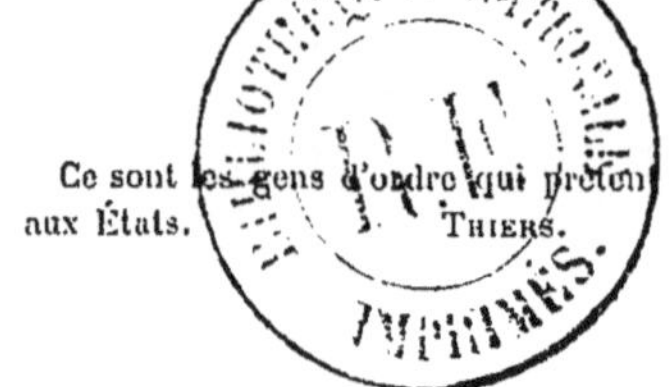

Ce sont les gens d'ordre qui prêtent aux États.
THIERS.

Attirer les souscripteurs n'est rien,
Retenir les souscripteurs est tout.

PARIS
E. DENTU, LIBRAIRE-ÉDITEUR
PALAIS-ROYAL, 17 ET 19, GALERIE D'ORLÉANS

1871

AVIS AUX GENS D'ORDRE APRÈS L'EMPRUNT

On lit en tête de *l'Écho Nogentais* du 6 juillet 1871 :

« Un Nogentais revenant de Paris y a remarqué un grand nombre de petites affiches sur lesquelles on lit :

» On demande des mécaniciens,— on demande des tourneurs,— on demande des emballeurs, — on demande des ouvrières en robes, etc., etc.

» Ainsi, le travail reprend, donc l'argent ressort de ses cachettes,— donc il n'a plus peur des révolutions, — donc le gouvernement est solide, — donc on peut lui prêter en toute assurance de quoi payer notre dette aux Allemands, et affranchir le territoire de leur présence.

» Bonne action et surtout bonne affaire, de prêter au gouvernement. — M. Thiers l'a expliqué, et nous expliquons à notre tour le discours de M. Thiers.

» C'est pourquoi nous avons accueilli avec plaisir un écrit fort utile à répandre : il faut le lire avec soin, s'en pénétrer et le raconter à ceux à qui l'on désire procurer un accroissement de fortune et un beau revenu.

« On le trouvera reproduit *in extenso* au feuilleton du journal. »

APPRÉCIATION DE M. CASIMIR PERIER

Rapporteur de la Commission de l'Emprunt

A L'ASSEMBLÉE NATIONALE

LETTRE A L'AUTEUR

Versailles, 14 juillet 1871.

Je viens, Monsieur, de lire votre brochure avec un extrême plaisir, et vous pouvez compter que je ferai tout ce qui dépendra de moi, par moi et par les miens, pour favoriser la propagation de cet excellent et utile travail.

Veuillez agréer l'assurance de mes sentiments les plus distingués.

APPRÉCIATION DE LA PRESSE PARISIENNE

Journaux scientifiques, politiques, populaires et financiers de Paris

---

LES EMPRUNTS DE LA DÉLIVRANCE

On nous communique l'épreuve d'une petite brochure destinée, croyons-nous, à un grand succès. L'auteur, M. E. Lagout, qui n'en est pas tout à fait à ses débuts, s'est proposé d'apprendre au peuple français, fort ignorant en ces matières, le mécanisme du dernier emprunt, et de se faire le vulgarisateur de cette grande opération financière, afin de préparer le succès de celle que nous aurons, hélas ! à faire encore pour réparer les fautes de l'Empire.

Rien de plus ingénieux que le moyen imaginé par l'auteur. Ce moyen consiste tout simplement à présenter la situation de la France sous l'aspect du bilan d'une ferme bien dirigée.

Tous les chiffres du discours de M. Thiers sont reproduits dans un petit tableau, sauf que les millions sont remplacés par des francs et les milliards par des mille francs.

Un texte très-court, d'une grande clarté, explique aux populations les détails de ce tableau rural, qui est en même temps le tableau exact de la plus colossale opération financière qui ait jamais été faite.

C'est cette comparaison, heureusement trouvée et heureusement développée, qui nous fait croire au succès de cet opuscule intitulé : *Avis aux Gens d'ordre après l'Emprunt de* 1871.

Nous avons l'espoir que les feuilles s'intéressant à l'évacuation du territoire publieront tout ou partie de cet écrit, que l'on ne saurait trop répandre.

Telle est l'appréciation que l'on trouve dans le grand *Moniteur* du 16 juillet 1871, du petit *Moniteur* du 17 juillet 1871, de *la Petite Presse* du 18 juillet 1871 :

Les journaux ayant donné leur concours patriotique à la propagation de cet opuscule utile et populaire sont :

	Juillet.		Juillet.
L'Écho Nogentais (in extenso).	6	*La Petite Presse*..............	18
Le Progrès National (Aube)...	9	*L'Écho Nogentais* (Aube).....	20
Le Messager de Paris (in-extenso)	12	*Paris-Journal*................	20
L'Écho Nogentais.............	13	*L'Écho Nogentais* (Aube)......	27
L'Opinion Nationale..........	13	*Les Mondes* (in-extenso).	
Le Bien Public...............	13	*Revue des Deux Mondes*.	
Le Gaulois...................	14	*Le Siècle*.	
La Gazette de France.........	14	*Le Monde Illustré*.	
L'Avenir Libéral.............	15	*Le Temps*.	
Le grand *Moniteur*..........	16	*Le Petit Journal*.	
La France..................	16	*La Presse Illustrée*.	
Le petit *Moniteur*............	17	*La Revue pour Tous*.	

PREMIÈRE PARTIE

ENTRAINEMENT DES SOUSCRIPTEURS

DEUXIÈME PARTIE

ATTACHEMENT DES SOUSCRIPTEURS

TROISIÈME PARTIE

LES DIRES D'UN CULTIVATEUR

PREMIÈRE PARTIE

La Souscription est une œuvre en trois actes.

1er *acte*. — L'emprunt est souscrit avec le patriotisme de l'intérêt : les journaux l'ont acclamé, bonne affaire pour les rédacteurs. — Les banquiers l'ont garanti, bon placement pour leurs capitaux oisifs. — Le public, alléché par l'empressement des banquiers, a souscrit avec empressement.

*
* *

2e *acte.* — Les journaux qui ont acclamé autrefois l'emprunt Mexicain, les chemins de fer Romains, les chemins de fer Espagnols, etc., oublieront naturellement l'emprunt pour les affaires qui se renouvellent sans cesse.

Les banquiers qui ont lu attentivement le beau discours de M. Thiers, sur l'emprunt, ont fait ce calcul : vu le concours effréné de la presse ; vu les dépêches télégraphiques annonçant que la maison Rothschild a souscrit pour un milliard et un cinquième de milliard, et les agents de change de Paris pour un milliard ; vu ce tapage frénétique sur toutes les places de l'Europe, il y a dix à párier contre un que chacun croira qu'il n'y en aura pas pour tout le monde. Les petits capitalistes souscriront au-dessus de leurs ressources ; il y aura prime, et les banquiers réaliseront un prompt bénéfice pendant la *période d'incubation,* du 28 juin au 21 août, époque du premier versement exigible ; car la probabilité est de dix contre un que la prime sera soutenue pendant les deux mois qui précèdent ce versement.

*
* *

3e *acte.* — Le public, possesseur de capitaux, le père de famille, industriel, agriculteur ou bourgeois, qui a souscrit *par entraînement* à la suite des agents d'affaires, vendra *par entraînement* à la suite des agents d'affaires,

A MOINS QUE

l'on vienne prouver au public, possesseur de l'épargne, que l'emprunt est une bonne affaire.

*
* *

Il y a deux manières de convaincre la masse des possesseurs de l'épargne, la première est de lui dire : éclairez-vous par vous-même, sans artifice, lisez, relisez deux fois attentivement le discours de M. Thiers : il a cinquante pages, ou bien, faites comme les souverains, chargez un secrétaire de faire le résumé concis de ce qu'il y a de saillant et de persuasif dans ce discours appuyé de chiffres officiels.

C'est ce que je me suis proposé dans le compte-rendu qui va suivre. Je suis comme tout le monde, je penche vers mon intérêt :

Pascal, l'immortel et spirituel génie prétend que chacun recherche avidement son bonheur, même celui qui va se pendre !

Eh bien ! mon bonheur consisterait à voir évacuer le territoire par nos implacables ennemis, j'ai souffert de leur présence, de leur oppression ; mes parents, mes amis, mes camarades, mes concitoyens en ont souffert et en souffrent encore !

Je souhaite ardemment leur départ.

*
* *

Or, si l'emprunt est une bonne affaire, on en achètera, il montera bientôt au pair, c'est-à-dire à. . . . . 100 fr.
au lieu du prix d'émission. 82 50

différence. 17 50

Alors, le gouvernement pourra emprunter les 3 milliards restant à payer, à 4 1/2, au lieu de 5 qu'il paie d'intérêt à nos ennemis, bonification de 1/2 sur le capital de 3 milliards, soit annuellement 15 millions, sans compter les lourdes charges de nos garnisaires qu'il faut entretenir chez nous. — Notons que chaque régiment ennemi nous coûte 2 millions par an, ou 100 millions pour 50,000 hommes.

*
* *

Eh bien! cela vaut-il la peine que l'on lise le discours de M. Thiers? Je n'aspire qu'à cela; mais en attendant qu'on en prenne la résolution, je vais en donner de mon mieux une quasi réduction photographique.

*
* *

Recommandation pratique.

Pour loger dans son esprit une affaire d'une certaine importance pour ses intérêts, il faut la lire trois fois :

Une première fois pour la connaître;

Une seconde fois pour la comprendre;

Une troisième fois pour la savoir.

J'ai remarqué que M. Thiers répète jusqu'à trois fois, avec une intention bien marquée, les combinaisons de chiffres et d'idées qui forment la charpente de son discours.

Un grand génie a dit :

La répétition est le meilleur moyen de persuader.

*
* *

Clef de la deuxième Partie.

La France, qui produit par an plus de 15 milliards, vient de subir un désastre de guerre de 8 milliards, somme à réaliser par les moyens suivants :

Avance de la Banque de France . .	3	milliards.
Emprunt de juin 1871	2	—
Emprunt ultérieur	3	—
Total.	8	milliards.

On va comparer le bilan de la France à celui d'une ferme:

Les millions étant remplacés par des francs;

Les milliards étant remplacés par des mille francs.

DEUXIÈME PARTIE

L'Emprunt expliqué par le Budget d'une Ferme bien dirigée.

La foudre est tombée sur une ferme par deux fois successives :

La première fois, c'était par un vent de plaine, les bâtiments brûlés valaient. . . . . 4,000 fr.

La deuxième fois, c'était par un ouragan de montagne, le dégât était encore de. 4,000

Total des dégâts. . . . . . 8,000 fr.

*
* *

Par surcroît de malheur, l'inondation a envahi nos terres, enfoui sous le sable un de nos plus beaux prés qui, hélas ! restera longtemps stérile, de sorte que notre ferme, qui était si prospère, ne produira plus que 15 à 16 mille francs au lieu de 16 à 17 que nous pouvions espérer auparavant.

*
* *

Après tout, ne nous mettons pas la mort dans l'âme, courons au plus pressé, rétablissons nos granges, et pour cela trouvons. . 8,000 fr.

Une ferme de 100 hectares de bon terrain, bien conduite, peut bien répondre de 8,000 fr., avec ses 15,000 fr. de produits bruts.

*
* *

Il faut emprunter au plus vite pour réparer nos dégâts, sous peine de restreindre la culture, d'abandonner la terre en friche et de ne pouvoir nourrir les 22 personnes vivant de leur travail dans cette ferme, savoir : un agriculteur et sa femme, puis 20 laboureurs, bouviers et bergers, et leurs enfants.

*
* *

Mais pour emprunter, il faut deux conditions, d'abord, donner des garanties de remboursement, et ensuite ne pas paraître trop accablé, car les capitalistes vous font la loi et vous imposent des taux usuraires qui sont la ruine de l'agriculture.

*
* *

C'est pourquoi le chef de l'exploitation dit aux prêteurs : je vais disposer mon budget de manière à vous donner 200 francs d'amortissement par année, ce qui, au taux normal de 5 pour cent, me libérer totalement en 22 ans 1/2. Puis je vais, en outre, vous prouver que mes 20 travailleurs et moi, avec ma femme, nous avons le moyen de fournir le supplément de travail qui répond à l'excédant de nos charges nouvelles.

*
* *

Ce supplément de travail est de dix minutes par jour, c'est-à-dire qu'au lieu de travailler 12 heures chaque jour, sauf les dimanches, bien entendu, nous travaillerons 12 heures, plus 10 minutes : ce qui produira une valeur de 218 francs. En outre, je réduirai mes dépenses personnelles de 3 1/3 pour cent, ce sera une nouvelle somme disponible de 218 francs qui, avec les 218 francs du travail supplémentaire, suffira pour tenir nos engagements nouveaux, en reportant ces deux sources de produits, travail possible et économie réalisable sur le fond des charges permanentes.

*
* *

J'aurais bien pu annoncer aux capitalistes que j'allais réduire mes dépenses personnelles de dix pour cent : cela n'est pas praticable sans jeter dans une famille une perturbation que ne comporte pas l'état des choses.

En effet, j'ai trois fils, l'un à l'école d'agriculture de Grignon, l'autre à l'école des arts et métiers de Châlons, et le troisième à l'école vétérinaire d'Alfort. Faire des économies sur ce chapitre, ce serait des *économies coupables*. — Autant vaudrait couper son blé en herbe.

Notre situation n'est pas aussi désespérée qu'on l'a prétendu ; je ne suis pas contraint de retirer à mes enfants le bénéfice de l'instruction solide qu'ils reçoivent, et qui aura pour effet d'accroître le rendement de leurs efforts et de consolider les garanties que j'offre aux prêteurs quand ils sauront que mes fils sont capables de satisfaire aux engagements que je vais prendre.

*
* *

Je me résume : travail, économie, savoir ; avec cela on est honorable et l'on trouve du crédit.

D'ailleurs, et je ne saurais trop le répéter, est-elle donc si calamiteuse notre situation ? Quoi ! un dégât de 8,000 francs sur une ferme d'un rendement brut annuel de 15, 16, 17 mille francs, cela est reconnu par les gens laborieux du pays, il y en a même qui veulent que notre ferme pouvait produire avant le désastre 20 mille francs ; mais, vu l'envahissement de notre beau pré, je dois, pour rester dans le vrai, me baser sur 15,000 francs. . . . . 15,000 fr.
et quelque chose de plus. 120
car, pour attirer la confiance, il faut être vrai, plutôt en dessous qu'en dessus de la vérité.

« On peut éloigner la confiance en flattant une situation, on peut » l'éloigner aussi en la faisant plus mauvaise qu'elle est.

» Thiers. »

*
* *

Grâce à notre sagesse, un de mes bons amis, banquier, m'a avancé. . . . . 1,500 fr.
dont j'avais un besoin pressé.

Il me les prête à 3 pour cent, et il me donnera encore. . 1,500
dont je pourrai avoir besoin, et par surcroît d'avantage, il compte pouvoir se contenter l'année prochaine du taux de *un pour cent* seule-

ment, et ainsi de suite jusqu'à ce que je l'aie remboursé par mon amortissement annuel de 200 francs.

*
* *

Quel sauveur! quel ami précieux que ce cher banquier! il est vrai que je lui avais rendu service, car il a eu ses misères à son tour, mais aussi il n'est pas ingrat, et c'est un bon exemple à signaler. Savez-vous les deux énormes conséquences du beau service rendu par notre cher banquier?

*
* *

La première, c'est que tout le monde, dans les pays voisins, veut nous prêter de suite les cinq mille francs qui nous manquent.

Comme de juste, c'est pour faire une bonne affaire, et non par amitié : c'est à 6 pour cent, selon l'habitude en pareil cas.

J'ai répondu : pas du tout; je veux bien emprunter aujourd'hui 2 mille francs à 6 pour cent, mais comme je suis certain que dans trois ans on m'offrira de l'argent à 5, et peut-être à 4 1/2, quand on aura vu comment je sais être économe et laborieux en face des nécessités, je veux attendre ces trois années pour faire mon dernier emprunt de 3 mille francs; d'ici là, j'ai des facilités, et, du reste, j'ai pris mes arrangements, rien ne manquera pour la bonne exploitation de la ferme.

*
* *

J'ai fini mon exposé, passons aux chiffres :

BILAN DE MON DOMAINE DE 100 HECTARES

DIVISION DES DÉPENSES			Avant le Désastre	Après le Désastre
Frais improductifs.	Nécessaires.	Emprunts, chemins, fossés, frais de garde...	2,000 f.	2,556 f.
	Qu'on peut ne pas faire.	Jeux et menus plaisirs aux foires	120	
Frais rémunératoires.	Ouvriers.	Laboureurs, bouviers et bergers	6,500	6,500
	Gérance et propriété.	Ménage du gérant et instruction des enfants.	6,500	6,282
		Rendement brut	15,120 f.	15,338 f.

*
* *

Dans le nouveau budget, ce qu'on remarque le plus ce sont les frais improductifs nécessaires, qui s'élèvent de 2,120 fr. à . . . 2,556 f.
soit un excédant de. 436
sur les budgets antérieurs qui étaient trop forts, mais ces frais ne devront plus, après l'extinction de notre dette nouvelle, dépasser. 2,000

Il faut donc considérer les 556 fr. de surplus comme des charges accidentelles à éteindre en quelques années par les résolutions courageuses qui suivent :

1° Suppression des *dépenses coupables*, celles que l'on fait quand on a des dettes et sans nécessité absolue.	120 f.
2° Supplément de travail des ouvriers, 10 minutes par jour.	218
3° Réduction des dépenses de ménage du gérant, 3 pour 100 de son budget.	218
Total pareil.	556 f.

*
* *

Les ouvriers faisaient produire au moins annuellement 15,000 fr. à la terre par un travail continu de 12 heures par jour ou de 12 fois 60 minutes, soit 720 minutes.

Dorénavant, avec 10 minutes de supplément d'efforts journaliers, il y aura un excès de production de 1/72, soit. . . . . 218 f.

C'est donc 10 minutes par jour de travail supplémentaire que les cultivateurs donneront à la terre. Cela est possible, mais non pas accablant.

*
* *

Je n'ai plus qu'à justifier le chapitre des frais improductifs, dépenses nécessaires qui s'accroîtront de 2,120 à 2,556 . . . 436 f.

Pourquoi le chiffre de 436. fr. sera-t-il suffisant eu égard aux charges nouvelles? c'est bien simple.

Le service de nos emprunts, grâce aux facilités du banquier, sera au taux moyen de 4 1/2 pour l'ensemble du capital de 8,000 fr. à emprunter, soit.	356
Mon amortissement est de	200
Total.	556 f.
Retranchons les dépenses coupables	120
Il reste bien	436

Je termine : ce qui écrase les domaines, ce sont les frais improductifs; aussi ne les voit-on jamais croître sans anxiété. Ces explications détaillées étaient donc bien utiles pour rassurer les créanciers futurs. Savez-vous ce qui serait arrivé si on n'avait pas eu confiance dans notre gestion et notre virilité, si nous n'avions pas résolûment supprimé nos *dépenses coupables?* Nous en trouverons sans doute encore d'autres à supprimer.

Voici ce qui nous serait arrivé :

*
* *

On nous eût prêté 8,000 fr. à 6 p. 0/0 en nous obligeant bien entendu à un amortissement de 200 fr. par an, sans quoi peut-être, on eût exigé 7 ou 8 p. 0/0.

Eh bien! le chapitre de frais improductifs eût été, savoir :

Budget antérieur au désastre.		2,120 fr.
Intérêts de 8,000 fr. à 6 p. 0/0.	480	680
Amortissement.	200	
Budget postérieur au désastre.		2,800
Accroissement des charges.		680
Soit un excédant relatif de 32 p. 0/0.		32 p. 0/0

Tandis que grâce à notre sagesse et à notre crédit, l'accroissement des charges sera de. 436

soit un excédant relatif de 20 1/2 p. 0/0. . . . . 20 1/2 p. 0/0

et notre libération sera complète dans 22 années.

***

Telle est l'économie du nouvel emprunt que M. Thiers vient d'exposer avec une si limpide clarté.

J'ai reproduit les mêmes chiffres avec des appellations différentes, en remplaçant, savoir :

Les milliards par les mille;

Les millions par les francs.

Ce qui permet de faire ressortir les ressources et les charges de la France, en la comparant à une ferme de 100 hectares, d'un produit brut de 15,000 fr. . . . . 15,000 fr.

grevée avant le désastre d'une rente annuelle de 2,120 fr. 2,120

qui se trouvera accrue de 436 fr. 436

y compris un amortissement courageux de 200 fr. 200

NOTES EXPLICATIVES DE LA 2e PARTIE

Frais de la guerre. — « Quant à la part des fautes, la voici : ceux qui ont fait la guerre nous ont condamnés à la dépense nécessaire de 4 milliards; ceux qui l'ont prolongée trop tard, ont doublé le désastre et la dépense, je le dis pour être complétement juste. » (Thiers.)

Total. 8 milliards.

Le vent de plaine, c'est le régime qui était établi.

L'ouragan de montagne, c'est le régime qui s'implantait.

Perte de territoire. — C'est l'invasion du tiers de la France, malheur accru par la perte de nos belles provinces de l'Alsace et de la Lorraine.

Production annuelle de la France. — « Je crois, après avoir fait des calculs infinis sur ce sujet, que le pays produit de 15 à 16 et même 17 milliards. » (Thiers.)

Des fonctionnaires. — Un membre de l'Assemblée a proposé de réduire beaucoup le traitement des fonctionnaires. Au-dessus de 3,000 fr., on supprimerait la moitié de l'excédant : un emploi de 5,000 fr. serait abaissé à 4,000.

Réduction de 20 p. 0/0.

Ce système romprait l'équilibre entre les carrières libérales et les carrières administratives, et comment pourvoir aux frais d'éducation des enfants?

J'ai deux fils, me disait un lecteur assidu des comptes-rendus de l'Assemblée Nationale : l'un vient de remporter les prix d'excellence en rhétorique et en philosophie: il est bachelier ès-lettres et ès-sciences. Il a des chances d'entrer à l'École Polytechnique; mais si la loi du rabaissement des fonctionnaires est votée, j'engagerai mon fils aîné à se faire industriel, avocat ou médecin, selon ses aptitudes.

Et votre second fils? Bon cœur, mais paresseux. Quand il sera bachelier, je tâcherai de lui faire avoir un emploi dans l'administration.

« Je crois qu'en défendant les fonctionnaires je servirai l'intérêt de l'État, et, permettez-moi de vous le dire sans blesser personne, l'intérêt de l'État courageusement compris. » (Thiers.)

Banque de France. — « En empruntant à la Banque de France, nous ne lui avons pas fait de tort; elle n'a pas fait tort au public. Oui, en servant l'intérêt de l'État, elle s'est couverte d'honneur, j'ose le dire, car ce grand établissement donne l'unique exemple au monde, en partageant les charges de l'État, d'inspirer une telle confiance que le billet de banque est aujourd'hui égal à l'or, et même dans certaines contrées, supérieur de quelques centimes. » (Thiers.)

Crédit politique et commercial. — Pourquoi la Banque ne vous ferait-elle payer que 1 pour 100 lorsque le public lui paie 6 pour 100. Le motif est facile à deviner. Nous lui prêtons un instrument énorme qui nous appartient : c'est cette puissance miraculeuse inconnue dont il ne faut pas abuser, la circulation.

« Nous lui livrons le crédit de l'État, qui est un crédit politique, et en revanche elle vous livre le sien, qui est un crédit commercial. » (Thiers.)

Ce qui signifie que la Banque fait imprimer un dessin avec les mots mille francs sur un petit papier qui lui coûte peut-être 50 centimes; mais grâce à la permission de l'État accordée après le dépôt en garantie de 200 fr. en or, ce petit papier, qui représente 200 fr. de monnaie réservée, vaut mille francs.

Voilà pourquoi la Banque de France peut prêter à l'État :

Mille francs moyennant une rente de.	10 f.
Un million.	10,000
Un milliard.	10,000,000

Mais alors pourquoi la Banque prête-t-elle à 6 pour 100 au commerce?

C'est en raison des risques de non remboursement. Il y a des faillites, des engagements commerciaux en défaillance, et si la Banque ne se couvrait pas de ces pertes par un taux élevé, elle irait à sa ruine.

Dix milliards! — « Nous avons été entraînés, malgré nous, dans cette voie fatale où nous avons trouvé les abîmes, les désastres qui se résument par un chiffre de dix milliards. » (Thiers.)

Le budget de l'État aura à supporter l'énorme poids de huit milliards, de sorte qu'avec les désastres particuliers, M. Thiers estime notre perte à dix milliards.

Que peuvent être dix milliards? — C'est la longueur de la France, du Nord au Sud, mesurée en épaisseurs de cheveux : en effet, il faut dix épaisseurs de cheveux pour faire une largeur d'un millimètre, et la longueur moyenne de la France serait de 250 lieues ou 1,000 kilomètres.

Un millimètre équivaut à épaisseurs de cheveux.	10
Un mètre.	10 mille
Un kilomètre.	10 millions
Mille kilomètres.	10 milliards.

Eh bien! avec de la sagesse, de l'économie, du travail, nous dit M. Thiers, la prospérité renaîtra et nous économiserons en 22 ans ces dix milliards de francs.

TROISIÈME PARTIE

Les Dires d'un Culvivateur ou renseignements fournis à un attardé.

REVENU OFFERT AUX PRÊTEURS.

Demande. — Si j'avais su tout cela, j'aurais souscrit; mais dans nos campagnes on ne nous dit rien, ou plutôt on ne nous explique rien. — Il fallait y envoyer les explications qui précèdent.

On ne peut donc plus souscrire à moins de payer beaucoup d'argent en plus?

Que faut-il faire pour cela?

Réponse. — Porter votre argent chez le percepteur, qui l'enverra au receveur particulier, qui le transmettra au trésorier général, qui l'enverra à Paris, où l'on vous achètera des titres de rente, comme si vous aviez souscrit le premier jour, chez le percepteur.

Regardez en même temps chaque jour la valeur de ce titre de rente dans le *Journal Officiel* qui est à la mairie, et vous verrez combien cela coûte en plus de 82 fr. 50 que coûtait 5 fr. de rente.

***

Demande. — Ce qui m'intéresse le plus, c'est de savoir combien cela me rapportera de revenu selon les cours, attendu que je ne sais pas habitué aux calculs.

Réponce. — Voici les cours correspondants et les revenus :

Argent prêté...	82 50,	85 00,	90 00,	95 00,	100 ».
Revenus.......	6 26,	6 05,	5 72,	5 43,	5 15.

***

Demande. — Je ne comprends pas que cela fasse d'aussi forts revenus en rapport avec l'argent prêté?

Réponse. — Vous avez raison, j'oubliais de vous faire part d'une chose bien importante, d'une condition bien avantageuse, c'est que si vous allez demain verser 90 francs pour avoir 5 francs, on vous remboursera de suite l'intérêt 6 p. 0/0, soit 0 fr. 50 par mois des portions de votre prêt, que vous pouviez ne pas verser de suite.

*
* *

Demande. — Comment, on paiera toujours l'intérêt d'avance?

Réponse. — Mais non, du 1er juillet au 21 août, vous devez payer le prix coté dans le journal :

Supposons-le de	90 f.	»
moins la somme à payer plus tard de.	70	50
à payer de suite.	19	50
à payer le 21 août 1871	4	40
— 21 septembre 1871	4	40
et toujours ainsi pendant 16 mois jusqu'au 21 novembre 1872.	4	40
cela fera 16 fois 4 fr. 40, près de	70	50
plus ce que vous aurez payé le 1er juin	19	50
cela fait un total de.	90 f.	»

Demande. — C'est donc l'escompte des paiements échelonnés qui fait une petite diminution et grossit l'intérêt?

Réponse. — Précisément.

Demande. — Vaut-il mieux tout payer de suite?

Réponse. — C'est mon avis; — c'est agréable de toucher la première fois son revenu d'avance.

*
* *

ENTREMISE DES BANQUIERS.

Demande. — Puisque la France va être sage, comme dit M. Thiers, et qu'il n'y aura plus à craindre de longtemps les révolutions ni la guerre, puisqu'elle peut être prospère et éteindre sa nouvelle dette rien qu'avec dix minutes de travail en plus pour chacun, et une économie de 3 p. 0/0 de nos dépenses de ménage....

Tout le monde va savoir cela, et les gros banquiers qui sont les plus malins, se garderont bien de céder leurs souscriptions, car le prix s'en élèvera bientôt à 100 fr. et plus.

Réponse. — Détrompez-vous, les banquiers ont de l'argent dont ils se servent comme d'un outil, comme vous vous servez de la charrue et de la bêche. — Il faut que cet argent leur rentre bientôt, sans quoi ils resteraient les bras croisés, comme vous si vous aviez prêté votre charrue et vos bêches. — Donc, ils attendent et désirent les acheteurs.

*
* *

Demande. — Alors, c'est comme si la souscription restait encore ouverte?

Réponse. — Précisément, il n'y a qu'une différence; c'est que le prix peut changer tous les jours comme celui du beurre au marché, car, pour le reste, vous n'avez qu'à verser votre argent chez le percepteur comme au moment de la souscription.

*
* *

Demande. — Pourquoi le gouvernement qui avait les souscriptions des banquiers pour plus d'un milliard, celles des agents de change pour plus d'un milliard, a-t-il fait en même temps appel au public, puisque sa souscription était couverte?

Réponse. — Elle est couverte, *mais non réalisée*; elle le sera quand les gens d'ordre et d'épargne l'auront souscrite, car ils ont ou auront l'argent prêt aux échéances.

Quant aux banquiers, c'est une affaire de risques à courir plutôt que d'argent à verser.

En France, il n'y a pas, on peut l'affirmer, de chances de collisions le lendemain de l'épouvantable déraillement qui nécessite l'emprunt. Donc, certitude de bénéfice sur l'emprunt qui haussera par la force des choses.

S'il y a certitude de bénéfice, plus on souscrira gros, plus on gagnera d'argent, — et comme il suffisait d'aller payer moins de 150 mille francs pour être souscripteur d'un million, — ou de 150 millions pour être souscripteur d'un milliard, il n'était pas nécessaire que ces banquiers réunis ou ces agents de change eussent un milliard dans leurs caisses pour en récolter les profits.

C'est pourquoi le gouvernement compte sur les fonds de l'épargne qui, peu à peu, réaliseront les promesses des banquiers.

*
* *

Demande. — Ainsi, la situation est faussée, on le disait dans les groupes de souscripteurs : on nous amorce, et puis l'on refusera nos souscriptions au profit des banquiers. N'aurait-on pas pu agir autrement? Est-ce juste ?

Réponse. — Le banquier agit dans les emprunts comme un siphon employé pour soutirer le vin. La petite quantité de liquide qui remplit le siphon est capable de mettre en mouvement et faire sortir tout le contenu de la cuve.

Cet appareil est utile et commode; il y a même des cas où il est indispensable. — De même, les emprunts seraient parfois languissants et ils échoueraient sans la *mise en train* des banquiers.

Demande. — Enfin, ne vaut-il pas mieux faire ses affaires soi-même sans intermédiaire à payer ?

Réponse. — Cela est tellement mon avis que j'ai écrit dans ce but la note que vous venez de lire.

Vous voilà donc bien avertis pour l'emprunt à venir, dans trois ans, qui sait ? Bien avant, peut-être. — Soyez prêts.

TRAVAUX DE VULGARISATION

DE M. ÉDOUARD LAGOUT

Brochures à 1 fr., chez Dentu, Palais-Royal

L'ÉQUATION DES CRUES

LOI SIMPLE ET PRATIQUE DES INONDATIONS, JUGÉE VRAIE APRÈS EXAMEN OFFICIEL DE M. LAMÉ, DE L'INSTITUT.

Plusieurs Mémoires fondus en une causerie à la portée de tous.

Applications officiellement approuvées pour la fixation des débouchés des ponts du chemin de fer d'Ancône au Pô, sur les torrents des Apennins, ligne de l'Adriatique.

L'ÉQUATION DU BEAU

LOI SIMPLE ET FAMILIÈRE DE JUSTESSE DES PROPORTIONS DANS LES ARTS DU DESSIN, UTILE POUR LES COMPOSITIONS D'ART INDUSTRIEL, ETC., ETC.

Académie des Beaux-Arts.— Approbation officielle de la loi. Inédit.

Académie des Sciences. — Insertion du Mémoire dans le *Moniteur officiel* du 20 mai 1865. Nouvelle édition en préparation.

Architecture nouvelle. — Application aux monuments de Paris. Extrait de l'*Encyclopédie du XIXe Siècle,* gravures, annuaire 1862.

Architecture nouvelle. — *Idem, idem,* gravures, annuaire 1863.

Statuaire nouvelle avec un croquis de Michel-Ange trouvé à la bibliothèque de Bologne. — C'est le dessin rhythmé d'un héros qui est l'expression vivante et nette de l'*Equation du Beau.*

L'ÉQUATION DU TEMPS

UNE CAUSERIE FAMILIÈRE SUR LES LOIS DU MONDE PLANÉTAIRE, FAITE, PAR MISSION MINISTÉRIELLE, AUX ÉCOLES PROFESSIONNELLES DE CHALONS, GRIGNON, MONTARGIS, PUIS EN CONFÉRENCES PUBLIQUES A CHALONS, COMPIÈGNE, PARIS, AU BOULEVARD DES CAPUCINES.

RÉGULATEUR DES MONTRES

Instrument populaire de précision du temps. — Cadran solaire équatorial, avec l'écart journalier de l'*Equation du Temps.* — Approbation officielle de M. Le Verrier, directeur de l'Observatoire de Paris; approbation du R. P. Secchi, de l'Observatoire de Rome. Prix : de 30 à 50 f.

Le petit Régulateur des Montres, prêt à poser partout, se vend 10 fr. chez DETOUCHE, horloger-mécanicien, 222, rue Saint-Martin.

Le Cadran des Écoles, réunissant l'utile à tout le savoir nécessaire en Astronomie se vend aussi chez DETOUCHE.

Paris. — Imp. Balitout, Questroy et Ce, 7, rue Baillif, et 18, rue de Valois.

www.ingramcontent.com/pod-product-compliance
Lightning Source LLC
LaVergne TN
LVHW010331230826
846091LV00009B/3816

* 9 7 8 2 0 1 3 5 8 8 8 9 8 *